Weitere Abenteuer mit Schutzengel Mia

Band 2

Andrea Korte

Weitere Abenteuer mit Schutzengel Mia

Herstellung und Verlag

BoD – Books on Demand, Norderstedt

ISBN 9 783753496016

Weitere Abenteuer mit Schutzengel Mia
Band 2

Vorwort

Im ersten Band des Buches haben wir die Kinder Josi, Joshi, Lina und Luna kennengelernt. Dazu noch Oma Caro. Josi konnte plötzlich ihren Schutzengel Mia sehen und mit ihm sprechen, ebenso wie ihre Oma Caro. Schutzengel Mia trug einen goldenen Beutel um den Hals. In diesem Beutel waren kleine rote Blüten. Wenn man als Mensch eine dieser Blüten aß, konnte man eine Stunde allein, ohne die Hilfe des Engels, fliegen. Durch Schutzengel Mia hatten die

Kinder und Oma Caro von Gott den Auftrag bekommen, Menschen und Tiere, die in Not geraten waren, zu retten. So erlebte das Fünfergespann bei seinen Einsätzen zahlreiche Abenteuer.

Bild: Andrea Korte

Abenteuer mit Schutzengel Matz

Eines Tages spielte Joshi in seinem Kinderzimmer. Er war ganz vertieft in sein Puzzlespiel. Plötzlich hörte er neben sich eine Stimme: „Joshi, wäre das schön, wenn du mich hören könntest." Joshi drehte seinen Kopf zur Seite und sah einen Jungen mit weißen Flügeln neben sich sitzen. „Ich kann dich hören. Sag, bist du mein Schutzengel?" „Juchu! Du kannst mich hören, Joshi!" „Ja, und auch sehen. Du siehst aus wie Mia. Nur, dass du Hosen anhast." „So ist es, denn ich bin ja dein Engel; und somit ein männlicher Schutzengel. Und ich heiße Matz." „Joshi!", rief seine Mutter. „Wir müssen los in den Kindergarten!" „Das wird heute lustig!" „Das glaube ich auch!", sagte Matz. So machten sie sich auf den Weg zum Kindergarten. Joshi war so stolz darauf, dass er nun auch seinen Schutzengel, Matz, sehen und auch mit ihm sprechen konnte. „Was wohl Josi dazu sagen wird?", dachte er bei sich. Sie kamen an und Joshis Mutter brachte ihren Sohn zur Gruppe. Mia kam direkt angelaufen und begrüßte Matz, den Schutzengel von Joshi.

Josi und Joshi und ihre Schutzengel Mia und Matz

„Hallo Joshi! Wen hast du denn da mitgebracht? Mia ist ja ganz aus dem Häuschen!", begrüßte Josi ihren Freund. „Oh, das ist eine ganz große Überraschung für dich. Heute Morgen habe ich Besuch bekommen von meinem Schutzengel Matz. Ich kann ihn sehen und mit ihm sprechen. Mia hat ihn wohl sofort gesehen und ihn begrüßt.", erklärte Joshi. „Mensch, das ist ja cool! Jetzt können wir beide unsere Schutzengel sehen und mit ihnen reden. Sag, wie heißt dein Engel?", wollte Josi wissen. „Er heißt Matz." „Schöner Name. Einer meiner Cousins heißt Matz. Sieht er so aus wie Mia?" „Fast, nur, dass er weiße Hosen trägt und braune Haare hat. Er ist ein männlicher Schutzengel, weil ich ein Junge bin." „Stimmt, das hatte Mia uns ja schon erzählt. Ich bin ja so aufgeregt!" Endlich gingen die beiden Freunde in ihre Gruppe, zusammen mit ihren Schutzengeln. Josi und Joshi setzten sich auf den Autoteppich und spielten mit den Autos. Die beiden Engel spielten kräftig mit, denn sie hatten genauso viel Spaß daran, wie die Kinder. Plötzlich stand eine Traube Kinder um sie herum. Joshi und Josi hatten es gar nicht bemerkt. Erst als die Frage kam: „Wieso können sich bei euch Autos von ganz allein bewegen?", blickten sie auf. „Wie bitte? So etwas geht doch gar nicht! Bei uns bewegen sich keine Autos von ganz allein! Erzählt nicht solche Märchen.", erklärte Joshi den Kindern. „Manchmal bewegen wir Autos auch mit unseren Knien.", sagte Josi und zeigte den Kindern, wie das geht. Und siehe da, man konnte wirklich glauben, dass die Autos sich wie von Geisterhand bewegten. Da ließen die anderen Kinder sie - Gott sei Dank - zufrieden. „Danke, lieber Engel, ich weiß nicht, wer von euch beiden mir dabei geholfen hat. Aber das war echt super!", bedankte sich Josi. „Das war ich.", sagte Mia. „Danke Mia!"

„Wir müssen wirklich besser aufpassen, dass die anderen uns nicht erwischen. Ich habe keine Lust, wieder alles an die große Glocke hängen zu müssen.", sagte Joshi „Ich auch nicht. Aber dem Fünfergespann sagen wir es, in Ordnung?" „Klar doch. Die müssen das wissen." Und so waren beide zufrieden.

Auf dem Weg nach Hause

Um 14.15 Uhr wurden Josi und Joshi abgeholt. Heute hatten sie denselben Weg Richtung Steele Mitte. Als sie vor der Bücherei waren, standen ihre Mütter noch zusammen und redeten miteinander. Da sahen die beiden Kinder einen Buggy mit einem etwa zweijährigen kleinen Jungen, der nicht angeschnallt war. Schon hatte er es geschafft, sich auf den Bauch zu drehen. „Mia, Matz, der Kleine fällt gleich aus dem Buggy!", rief Josi ganz aufgeregt. Schon waren beide Schutzengel zur Stelle und schafften es, den Kleinen aufzufangen. Dann übergaben sie ihn den beiden Kindern. „Na, kleiner Mann, da hast du ja noch mal Glück gehabt, dass du nicht auf die Erde gefallen bist. Unsere Schutzengel haben dich gerettet." „Schutzengel!", rief der kleine Mann. „Ja, das waren Mia und Matz, unsere Schutzengel." „Mia, Matz!" „Ganz genau, die haben dich aufgefangen, damit dir nichts passiert. Und dann haben sie dich an uns weitergegeben." „Mia, Matz!" „Was ist denn hier los? Was macht ihr beiden denn mit meinem Jungen?", fragte eine Frau ganz aufgeregt. „Ihr kleiner Junge war nicht angeschnallt und wäre beinahe aus dem Buggy gefallen. Mia und Matz, unsere Schutzengel konnten ihn gerade noch auffangen." „Eure Schutzengel, Mia und Matz, wollt ihr mich auf den Arm nehmen?" „Also hören Sie, das ist schon wahr, was die Kinder da erzählen.", bestätigte Josis Mutter. „Sie haben gemeinsam mit ihren Schutzengeln schon des Öfteren Kinder gerettet. Sie können Ihnen wirklich glauben." „Es stimmt wirklich!", sagte auch Joshis Mutter. „Neu ist allerdings, dass auch Joshis Schutzengel Matz dabei ist." „Okay, ich glaube euch. Dann mal ganz lieben Dank. Ich werde meinen Sohn jetzt immer anschnallen, damit das nie wieder vorkommt. Auf Wiedersehen!" „Sag mal Joshi, kannst du jetzt - genauso wie Josi - deinen Schutzengel Matz sehen und mit ihm sprechen?", fragte Joshis Mutter. „Ja, Mama, das kann ich. Und es ist wirklich schön. Matz sieht aus wie Mia, nur, dass er weiße Hosen anhat und seine Haare braun sind."

Auf dem Baldeneysee

Am Wochenende nach diesem Erlebnis fuhren Josi und ihre Familie zusammen mit Joshi und seiner Familie mit dem Schiff auf dem Baldeneysee. Es war noch schönes Sommerwetter, aber nicht mehr heiß. Sie saßen oben an Deck und tranken Limonade. Als erstes mussten sie durch die Schleuse fahren, denn der Wasserstand nach der Schleuse war viel höher, als auf dieser Seite der Schleuse. Das war für die Kinder ein großes Erlebnis zu sehen, wie sie in der Schleuse durch eingeleitetes Wasser immer höher gepumpt wurden. Schließlich waren sie so hoch wie das Wasser auf der anderen Seite und sie konnten die Schleuse verlassen. Oben an Deck waren einige Kinder. Da war auch eine kleine Kletter- liese, die auf alles kletterte, auf das man nur klettern konnte. Die Eltern waren so mit sich selbst beschäftigt, dass sie gar nicht auf ihre Tochter achteten. Am Ende des Schiffes hing ein kleines Rettungsboot. Auf einmal ver- suchte die kleine Kletterliese über die Reeling zu klettern und dieses Rettungsboot zu erreichen. Doch das schaffte sie nicht. Sie griff ins Leere und drohte ins Wasser zu fallen. Mia und Matz aber waren schon zur Stelle und fingen sie auf, bevor sie das Wasser berührte. Dann lieferten sie sie bei den Famielien ab. Joshis und Josis Mutter brachten sie zu ihren Eltern und erzählten ihnen, was passiert war. Da erkannten sie, dass es doch besser war, auf ihre Tochter aufzupassen. Es wurde noch ein schöner Tag.

Bild: Andrea Korte

Die Fahrradtur zum Kattenturm

Eines Tages machte das Fünfer-Gespann einen Ausflug zum Kattenturm in Kettwig. Die Ruine dieses Wohnturmes steht direkt am nördlichen Ufer der Ruhr und ist die einzige, noch teilweise erhaltene „Motte", das bedeutet

„Burg", an diesem Fluss. Sie befindet sich sich in unmittelbarer Nachbarschaft zum Schloss Oelfte. Früher gehörte sie zum Rittersitz Burg Luttenau. Das bedeutet „Kleine Aue". Der Kattenturm, dessen Eigentümer die Stadt Essen ist, verdankt ihren Namen „Katzen" oder „Chatten", die vor langer Zeit dort einmal einen Schatz bewacht haben sollen. Obwohl noch etwas von diesem Schatz da ist? Man kann ja nie wissen.

Die Kinder jedenfalls waren ganz versessen darauf, nach dem Schatz zu suchen. So kletterten sie und suchten und suchten, doch finden konnten sie leider nichts. Nirgendwo war auch nur ein kleines bisschen Gold oder Silber zu entdecken. „Hey", brül-

Ite plötzlich Joshi. „Ich habe etwas gefunden. Leider ist es kein Gold oder Silber. Leider sind es nur 10€, die hier auf dem Gras lagen. Vielleicht können wir damit ja etwas anfangen." „Das reicht bestimmt für ein Eis für uns alle!", meinte Lina. „Aber sicher doch.", stimmte Oma Caro zu. „Fahren wir zur besten Eisdiele der Welt. Die ist in Kettwig. Und da essen wir ein Eis." Und so machten sie es.

Als sie dort ankamen, hatten sie Glück. Es war gerade mal nicht so ein Massenandrang. Jeder bestellte sich eine große Kugel im Hörnchen. Dann setzten sie sich auf ihre Räder und lutschten ganz genüsslich ihr Eis. Das tat ja so gut! Schließlich hatten sie ganz schön lange nach dem

Schatz gesucht. Und jetzt konnten sie es sich so richtig gut gehen lassen. Als sie fertig waren, schoben sie ihre Räder wieder auf den Uferweg, stiegen auf und machten sich auf den Heimweg.

Als sie am Kattenturm ankamen, sahen sie eine Familie, die wohl auch auf Schatzsuche war. Ein etwas größerer Junge, so etwa zehn-zwölf Jahre alt, war am Turm heraufgekrakzelt.

Eine ziemlich waghalsige Aktion. Er wackelte sehr stark hin und her. Plötzlich rutschte er ab und drohte zu fallen, doch die beiden Schutzengel waren zur Stelle. Sie packten ihn unter den Armen - der eine rechs, der andere links - und landeten sanft auf dem Boden. „Na, das ist ja noch eimal gut gegangen.", sagte Oma Caro zu ihm. „Gut, dass die beiden Schutzengel zur Stelle waren. „Welche Engel?", wollte der Vater wissen. „Na die beiden, die Ihren Sohn zur Erde geleitet haben.", anwortete Oma Caro. „Wären sie nicht gewesen, hätte es böse ausgehen können." „Ich danke euch jedenfalls ganz herzlich für eure Hilfe.", sagte der Junge. „Hm, ich dann auch.", murmelte der Vater.

Bild: Andrea Korte

In der Schule

Eines Tages, als Lina und Luna in der Schule waren, hatte Lina ein ganz komisches Gefühl. „Du, Luna, Ich gaube heute passiert noch etwas.", sagte sie, als sie beiden die Treppe hinunter in die Hofpause gingen. Als sie unten in der Kletter- und Turnecke ankamen, rutschte ein Erstklässler von der obersten Klettersprosse ab und hing jetzt nur noch an einer Hand. Lina und Luna schrien laut nach Mia, denn sie hatten gesehen, dass die Kindergartenkinder ebenfalls draußen waren. Und schon kam Mia angeflogen. Sie ließ sich zu dem kleinen Kind herunter und schnappte sich die eine Hand, die frei in der Luft hing. Lina und Luna bauten sich unter dem

Klettergerüst auf. Mia bat das Kind, die Hand vom Gerüst zu lösen. Dann ließ sie das Kind langsam herunter. Das war noch einmal gut gegangen und dem Kind aus der ersten Klasse war nichts passiert. Keiner hatte mitbekommen, dass ein Engel im Einsatz gewesen war.

Unfall im Grendbach

Eines Tages spielte die Schutz-engel – Bande auf dem Spiel-platz im Grendbach. Lina, Luna, Josi und Joshi waren quitsch-vergnügt und hatten sehr viel Spaß miteinander. Oma Caro saß auf der Bank und sammelte Ideen für ihr Buch. Plötzlich hörten sie einen fürchterlichen Schrei. Sie ließen alles stehen und liegen und liefen in die Richtung, aus der sie den Schrei gehört hatten. Da lag ein Kind auf dem Bürgersteig und weinte bitterlich. Das Fenster im ersten Stock war geöffnet. Was war da bloß geschehen?

Oma Caro hockte sich neben das Kind – es war ein kleines Mädchen. „Hallo, du Kleine, tut dir etwas weh? Hast du dich verletzt?" „Ich weiß nicht? Mein Bein tut ganz doll weh und mein Arm." „Wie heißt du denn?",- wollte Lina wissen. Das Mädchen sagte seinen Namen. So wussten sie, wo sie klingeln mussten. Luna und Lina gingen in den ersten Stock und erzählten dort, dass Amelie aus dem Fenster gefallen war. Die Eltern kamen mit hinunter und schauten nach ihrer Tochter. Das Bein und der Arm schienen nicht gebro-chen zu sein, denn sie konnte beides bewegen. Gott sei Dank hatte auch der Kopf nichts abbekommen, denn sie sprach klar und deutlich und hatte auch keine Kopfschmerzen. Aber der Schreck saß Amelie noch mächtig in den Knochen. Das konnte man deutlich merken. Die Eltern nahmen sie mit nach oben. Bald würde alles wieder gut sein.

Bild: Andrea Korte

Steele

Eines Tages ging es wie ein Lauffeuer durch Steele. Ein Zirkus kommt! Ein Zirkus kommt! „Wo soll der denn hier sein riesiges Zelt aufschlagen?",frage Lina ihre Freundinnen in der Schule. „Ich habe gehört, der soll an der Ruhr lagern, in der Nähe von dem Spielplatz. Da sind die Wiesen doch recht breit." „Ja, und da ist auch ein Parkplatz für die Wohnwagen." „Stimmt, das müsste gehen. Wann soll der denn kommen?" „Ich glaube nächste Woche schon." „Das Ist ja spannend! Das schaue ich mir an!" Und so ging es hin und her. Das war das Ereignis hier in Steele, wo sonst nicht so viel passierte. Die Kinder hatten fest

vor, sich den Zirkus anzu-
schauen.

Und so kam am nächsten
Montag der Zirkus mit all seinen
Wagen angerollt. Die Wohnwagen schlugen ihr Lager auf
dem geräumigen Parkplatz auf
und das Zirkuszelt wurde auf der
Ruhrwiese ganz in der Nähe
aufgeschlagen. Es war reichlich
Platz vorhanden und reichte aus,
auch für die mitgebrachten Tiere,
die Pferde, das Tigerpaar und
das Tigerbaby, die momentane
Hauptattraktion des Zirkus.

Lina und Luna gingen an diesem
Montag nach der Schule zu Oma
Caro. Sie aßen schnell zu Mittag
und machten ihre Hausaufgaben.
Kurz nach 14 Uhr holten sie
zusammen Josi und Joshi vom
Kindergarten ab und gingen zum

Zirkus, der schon so gut wie fertig mit dem Aufbau war. Sie schauten sich die Pferde an und streichelten sie. Dann gingen sie zum Tigerkäfig. Dort zwängte ich das Tigerbaby gerade zwischen den dicken Stäben nach draußen und wollte sich selbständig machen. „Hey, schaut mal, da rennt das Tigerbaby weg!", schrie Josi. „Wir müssen es wieder einfangen!" Und schon rannten alle hinterher. „Das wird so nichts, wir müssen fliegen!", brüllte Joshi. In Windes Eile schluckten sie eine Blüte aus Mias Beutel und folgten dem Tigerbaby durch die Luft hinterher. Endlich sahen sie den kleinen Stromer am Rand der Ruhr. Es sah aus, als wollte es schwimmen gehen. Da schnappte Matz das kleine Tigerbaby und alle flogen gemeinsam zum Tigerkäfig zurück. Als sie dort ankamen, wurden sie schon sehnsüchtig erwartet. „Ihr habt unser Tigerbaby gerettet! Wie können wir euch danken?" „Ich wüsste da schon etwas.", sagte Oma Caro. „Wie wäre es mit freiem Eintritt für die Kinder heute Nachmittag?" „Das ist doch wohl Ehrensache!", riefen der Clown und der Zirkusdirektor wie aus einem Mund.

In der Zirkusvorstellung

Nun war es endlich soweit und unser Fünfer-Gespann besuchte die Zirkusvorstellung. Als Erstes begrüßte der Zirkusdirektor die Gäste. Das Zelt war voll besetzt.

Das war gut für die Stimmung während der Vorstellung. Alle applaudierten dem Direktor und waren schon ganz gespannt auf das, was ihnen wohl geboten wurde.

Zuerst kamen die Tiger. Jeder Tiger sprang auf einen Hocker und blieb dort sitzen. Der Domteur hielt das Tigerbaby auf einem Arm und stellte das Tier vor. „Dies ist unser Neuzuwachs, gerade mal 6 Wochen und 4 Tage alt. Heute soll es seinen Namen bekommen. Josi ist zu verdanken, dass es nicht ausreißen konnte. Sie hat schnell Alarm geschlagen bei ihren Freunden. Und so konnte es gerettet werden. Deshalb darf Josi dem Tigerbaby einen Namen geben. Steh mal auf Josi,

damit dich jeder sehen kann."
Josi stand auf und fragte: „Ist es ein Junge oder ein Mädchen?" „Ein Mädchen.", antwortete der Domteur. „Okay," entschied Josi, „die Kleine soll Debby heißen." So bekam das Tigerbaby seinen Namen. Debby wurde ein Halsband mit dem seinem Namen umgelegt und der Dompeur legte es vorsichtig in sein Körbchen und rief den Clown. Dieser kam, brachte das Körbchen und gab es Josi, die auf Debby aufpassen durfte, bis die Tiger mit ihrer Vorstellung fertig waren. Josi war glücklich.

Leider trennten sich hier die Wege der Kinder, da Lina und Luna jetzt eine weiterführende Schule und Joshi eine andere Gundschule als Josi besuchte.

Somit endete auch hier die Zusammenarbeit zwischen den beiden Schutzengeln Mia und Matz.

Josi und ihre Freundin Mo

Seit knapp zwei Wochen ist Josi ein Schulkind. Eigentlich macht ihr der Unterricht Spaß, Doch fällt es ihr morgens sehr schwer zur Schule statt zum Kindergarten zu gehen. Sie will einfach nicht zur Schule gehen. Doch wenn sie dann da ist, hat sie Spaß daran. Es ist halt alles noch ein bisschen fremd. Und dann darf sie noch nicht einmal neben ihrer besten Freundin sitzen. Das ist echt doof. Nur weil Vicky einfach Mos Hand genommen hat und mit ihr an ihren Tisch gegangen ist. So eine Gemeinheit!

Josi und Mo kennen sich schon ganz lange. Mo kommt von Momo. Aber alle nennen sie nur Mo. Das ist viel kürzer und Mo findet das auch viel cooler. Eines Tages hatten sie Kunstunterricht. Sie sollten aus Zeitschriften etwas ausschneiden, das Bild auf den Zeichenblock kleben und dazu mit Wachsmalstiften das Bild vervollständigen. Ganz schön anspruchsvoll diese Arbeit. Alle machten sich eifrig an die Arbeit. Da gab´s in den hinteren Reihen ein Gerangel zwischen zwei Jungen, die sich um ein und dasselbe Bild stritten. Beide hatten Scheren in den Händen und kämpften miteinander. Josi stupste leise Mia an;

diese flog los, zog beiden Jungen die Scheren aus den Händen und gab sie Josi. Die zwei Jungen waren ganz verdutzt und vergaßen, weiter zu streiten. „Nimm du das Bild.", sagte der eine, und setzte sich wieder hin. Da ging Josi zu den beiden und fragte sie: „Sind das eure Scheren?" „Ja! Wie kommst du denn da dran?" „Ja, das ist mein Geheimnis.", anwortete Josi.

Bild: Andrea Korte

In der Hofpause

Endlich war der Kunstunterricht zuende. Mo saß die ganze Zeit auf heißen Kohlen. Sie wollte endlich wissen, was da in der Kunsstunde passiert war. Wie war Josi an die beiden Scheren gekommen? Wie konnte es geschehen, dass die Jungen plötzlich keine Scheren mehr hatten? Alles äußerst mystheriös. Aber jetzt würde Mo sofort Josi fragen. Als beide auf dem Pausenhof waren, suchten sie sich eine ruhige Ecke und Mo fragte: „Du Josi, was war da los im Kunstunterricht? Wieso hatten die beiden Kampfhähne plötzlich keine Scheren mehr? Und wieso waren die Scheren zum Schluss bei dir? Kannst du mir das mal erklären?" „Das ist eine lange

Geschichte.", antwortete Josi. „Vor ungefähr einem Jahr, habe ich im Kinderzimmer gespielt und plötzlich eine Stimme gehört. Als ich mich umdrehte, saß da ein Engel im weißem Kleid und mit weißen Flügeln. Als ich ihn fragte, wer er sei, sagte der Engel, er wäre ein Mädchen, weil Mädchen weibliche Schutzengel hätten und Jungen männliche. Das Engelmädchen war Mia, mein Schutzengel. Vor ihrem Bauch trägt sie einen goldenen Beutel. In ihm sind rote Blüten. Isst du als Mensch eine Blüte, kannst du eine Stunde fliegen. Joshi, Lina, Luna, Oma Caro und ich haben seit damals ganz viele Abenteuer mit meinem Schutzengel erlebt. Jetzt kann auch Joshi seinem Schutzengel Matz

sehen und mit ihm sprechen."
„Wow, das ist ja cool. Ich will auch mal fliegen.", sagte Mo. Doch da klingelte es und die Pause war vorbei. Sie musste unbedingt da dranbleiben, dachte Mo. Das war ja eine spannende Geschichte. Sie wollte auch mal so etwas Cooles erleben. Als der Unterricht für den Tag zuende war und die Kinder in den Ganztag gingen, machten sie schnell ihre Hausaufgaben, aßen zu Mittag und gingen dann mit vielen anderen Kindern auf den Schulhof. Da gab Mia den beiden Kindern eine Blüte aus ihrem goldenen Beutel. Die Kinder aßen die Blüte, Mia schaltete den Unsichbar-Zauber ein und schon flogen sie hoch in die Luft Richtung Kirchturm. Mo musste

sich zusammenreißen, um nicht vor lauter Übermut zu jauchzen. Doch dann hätte man sie unten auf der Erde gehört. Sie umrundeten den Kirchturm, schauten sich die Häuser, in denen sie wohnten, von oben an und flogen dann schnell zurück zur Schule. Dort landeten sie in einer Ecke, in der sonst keiner war und Mia schaltet den Unsichbar-Zauber aus. „Ach dort seid ihr beiden. Ich habe euch schon überall gesucht.", sagte die Erzieherin erleichtert. „Ja, wir sind einmal um den ganzen Schulhof gerannt.", meinte Mo. „Vielleicht waren wir immer da, wo Sie gerade nicht gesucht haben.", fügte Josi noch hinzu. „So wird es wohl gewesen sein. Nun, Hauptsache, ich habe euch jetzt gefunden." Als die Erzieherin wieder weg war, lachten Josi und Mo sich eins ins Fäustchen. Das hatte ja noch geradeso geklappt. Sie mussten einfach vorsichtig sein.

Bild: Andrea Kort

Ein neues Abenteuer

Am nächsten Tag gingen Josi und Mo wie jeden Morgen in die Schule. Sie waren guter Dinge und freuden sich, Zeit miteinander verbringen zu können. Die Lehrerin hatte die Kinder umgesetzt und Josi saß jetzt neben Vicky. Die war eine kleine Quasselstrippe und ließ sie im Unterricht überhaupt nicht in Ruhe, so dass Josi Schwierigkeiten hatte, alles mitzubekommen. Schon mehrmals hatte sie sich über Vicky beschwert, doch die Lehrerin machte nichts und Josi wurde richtiggehend sauer. Schließlich stand sie auf und setze sich auf einen leeren Stuhl an einen leeren Tisch. „Was machst du denn denn da, Josi?", fragte die Lehrerin. „Meine Mama hat gesagt, ich soll gut aufpassen in der Schule. Doch das kann ich neben Vicki nicht. Ich habe Ihnen das auch schon mehrmals gesagt, doch Sie haben einfach nicht reagiert. Also habe ich jetzt entschieden, dass ich allein an diesem einsamen Tisch sitzen werde, sonst bekomme ich ja gar nichts mehr mit.", begründete Josi ihr Verhalten. „Nein, Josi,", erwiderte die Lehrerin, „du musst nicht für etwas bestraft werden, was du nicht getan hast. Setz dich doch bitte zu Mo. Sie ist schon so lange allein. Ich glaube inzwischen, dass nicht sie diejenige war, die gequatscht hat, sondern Vicky. Deshalb soll sie jetzt einmal allein sitzen." So setzte sich Josi mit all ihren Sachen neben ihre beste

Freundin. Sie war überglücklich. Vicky aber war sauer. Sie ging zum Fenster und machte es auf. Die Lehrerin war gerade an der Tafel. Sie öffnete es sperrangelweit und lehnte sich weit hinaus. Da bekam sie Übergewicht und purzelte hinaus. Josi schrie laut: „Mia!" Mia flog hinaus und konnte Vicky im letzten Augenblick auffangen, bevor sie den Boden berührte. So landete sie sanft auf ihren beiden Beinen. „Was ist hier los?", fragte die Lehrerin. „Vicky ist aus dem Fenster gefallen.", erklärte Mo. „Was?" Sie ging zum Fenster und sah, dass Vicky auf ihren zwei Beinen total benommen unten auf dem Schulhof stand. Es schien sie jemand festzuhalten, doch war dieser jemand nicht zu sehen. Da hob dieser Jemand Vicky auf ihre Arme und trug sie nach oben. Vor dem Klassenraum ließ er sie aber wieder auf die Beine hinunter, so dass Vicky auf den eigenen Beinen in die Klasse taumelte. „Vicky, wie konnte das geschehen?", fragte die Lehrerin. „Ja, ich war so sauer, da habe ich das Fenster geöffnet und mich rausgelehnt. Dabei bin ich hinausgefallen. Doch das Komische ist, da ist jemand an mir vorbei gesaust und hat mich dann aufgefangen. Vorher hat Josi noch ganz laut Mia! gerufen." „Das habe ich auch gehört, Josi. Wer ist denn diese geheimnisvolle Mia?" „Tja, Mia ist mein Schutzengel. Seit einem Jahr kann ich Mia sehen und hören. Wir haben schon einige Abenteuer miteinander erlebt und Menschen vor dem Sturz aus Fenstern, vor dem Ertrinken in der Ruhr, vor zu schnell fahrenden Autos und noch vielem mehr gerettet. Ja und Mia ist dann sofort los und hat Vicky gerettet. Eigentlich sollte das Mos und mein Geheimnis bleiben. Aber nun weiß es jeder hier. Schade" „Sag mal willst du mir einen Bären aufbinden?", fragte die Lehrerin." „Aber nein! Mia, Mo!" Die beiden aßen eine Blüte, fassten sich an den Händen, schalteten den Unsichtbar-Zauber ein und flogen durch das Fenster nach draußen. „Hey, wo seid ihr denn?", rief die Lehrerin. Und hui kamen sie schon durch das offene Oberlicht sichtbar wieder ins Klassenzimmer geflogen und in ihrer Mitte war ein Engelmädchen. Das gab es doch gar nicht. Es war wirklich wahr. Alle drei schwebten unter der Decke und ließen sich langsam vor der Tafel zur Erde herunter. „Darf ich vorstellen,", sagte Josi „das ist Mia, mein Schutzengel. Mädchen haben einen weiblichen Schutzengel und Jungen einen männlichen. Und warum ich meinen Schutzengel sehe, das weiß ich nicht. Aber meine Oma sieht ihren auch." „Und du Mia, hast Vicky gerettet?" „Ja, das hat sie.", erklärte Josi. Und das ist wundervoll." „In der Tat, das ist es!"

Bild: Andrea Korte

Im Sportunterricht

Heute hatten die Kinder Sportunterricht. Der Lehrer hatte nach einem Aufwärmtraining einen kleinen Parcours mit Kästen, Schwebebalken und Matten aufgebaut, an denen die Kinder verschiedene Übungen durchführen sollten. Sie gingen sie einmal alle gemeinsam durch. Danach machten sie sie selbständig und achteten darauf, sie so zu machen, wie der Lehrer sie gezeigt hatte. Das war gar nicht so einfach, sich das alles zu merken, denn es war eine ganze Menge. Doch es klappte ganz gut und der erste Durchgang verlief fehlerfrei. Beim zweiten Durchgang blieb Mo bei der Hocke über den Kasten am Kasten hängen und knallte auf die Matte. Doch es war nicht schlimm. Sie konnte weiter mitmachen. Beim dritten Durchgang allerdings nahm Josi zu wenig Schwung bei der Hockwende über eine umgedrehte Bank. Gott sei Dank hatte Mia das mitbekommen und fing sie auf. Sonst wäre sie mit voller Wucht mit ihren Beinen auf die umgedrehte Bank geknallt. Das hätte bestimmt sehr weh getan. Keiner hatte etwas davon mitbekommen, so dass der Parcours einfach weiterlief. „Danke Mia!", flüsterte Josi, und turnte weiter. Als Nächstes balancierte sie über den Schwebebalken. Das klappte reibungslos. Auch die beiden Rollen vorwärts bewältigte sie problemlos. Ja, so langsam machte ihr der Parcours richtig Spaß. Man musste nur genau aufpassen und mit den Gedanken dabei sein, dann konnte eigenlich nichts schiefgehn. Doch auf einmal gab es einen furchbaren Lärm. Zwei Kinder waren gleichzeitig auf dem Schwebebalken und veranstalteten ein Wettrennen darüber. Plötzlich knallten sie zusammen und stürzten hinunter. Einer landete auf der Matte, einer sanft daneben, denn Mia war mal wieder in Aktion getreten und hatte ihn gerade noch vor einem unsaften Aufkommen bewahren können. Dennoch hielt er sich sein rechtes Bein. Sofort war der Lehrer bei ihm. „Was habt ihr euch eigentlich dabei gedacht?", fragte er. „Ich habe doch klipp und klar gesagt, immer nur einer an einem Gerät. Was ist mit deinem Bein? Zeig mal bitte dein Bein." Der Lehrer untersuchte das Bein. Es war wohl nicht gebrochen. Nur am Schienbein würde es einen dicken blauen Fleck geben. Da hatten die beiden, Dank Schutzengel Mia, noch einmal Glück gehabt.

Ausflug in die Eishalle

Endlich war es soweit und die Bärenklasse fuhr in die Eishalle. Josi hatte sich schon so lange darauf gefreut. Und das schöne war, es war ein Dienstag, an dem Mama nicht arbeiten musste. Sie konnte mitfahren. Wie mega war das denn! So fuhren sie mit der Straßenbahn nach Essen West. Es dauerte gar nicht lange und sie waren da. Ab ging es in die Umkleiden. Dort konnten sich alle Kinder Schlittschuhe ausleihen. Die vielen Eltern, die mitgefahren waren, halfen den Kindern, diese anzuziehen und als alle fertig waren, ihre Jacken und Handschuhe wieder angezogen hatten, gingen sie gemeinsam in die Eishalle. Dort wartete schon ein Lehrer auf sie, der ihnen zeigte, wie man fahren konnte, ohne hinzufallen. Da Josi ja schon ein bisschen Erfahrung auf dem Eis gewonnen hatte, lernte sie es schnell und fuhr mit anderen Kindern, die auch schon fahren konnten um die Wette. Schon bald gesellte sich Mo auch zu ihnen. Es machte großen Spaß. Josis und Mos Mamas begleiteten die Wettfahrer. Am Ende der Stunde ließ der Eislauf-Lehrer noch coole Musik laufen und die Kids versuchten, dazu zu tanzen. Das sah mega lustig aus.

Bild: Andrea Korte

Kunstunterricht

Heute hatten die Kinder Kunstunterricht. Sie wollten ein Bild vom Tanz auf dem Eis malen – mit Wasserfarbe. Das war gar nicht so einfach. Sie durften nur wenig Wasser, aber viel Farbe nehmen, die sie rühren mussten, bis es kleine Blasen gab. Dann war die Farbe genau richtig und deckte gut. Josi kannte das schon von ihrer Oma Caro. Sie nahm ihren großen Zeichenblock und fing an zu malen. Mit Bleistift zeichnete sie die Figuren ganz fein und vorsichtig vor und malte sie anschließend mit viel Farbe und wenig Wasser nach. Die Fraben deckten gut und ihr Bild wurde wunderschön. Da kam ein Mitschüler mit einem Pinsel voller Farbe unnd wollte ihr Bild beschmieren. Doch Schutzengel Mia packte ihn, zog ihn hoch und transportierte ihn zurück zu seinem Platz. „Was soll das, Justin?", fragte die Lehrerin, „Darfst du so einfach aufstehen und durch die Klasse laufen, während des Unterrichts?" „Nein, eigentlich nicht. Doch ich wollte mir Josis Bild einmal ansehen." „Dann frag nach! Wenn ich es dann erlaube, legst du deinen Pinsel ab und gehst leise zu ihr." „Okay, das mache ich dann das nächste Mal so.", murmelte Justin. Als Josi fertig war, pustete sie die noch feuchten Farben trocken, nahm ein blau und mischte es mit etwas Deckweiß, so dass sie ein wunderbares hellblau bekam. Damit malte sie vorsichtig den

Hintergrund aus. Das Bild sah sehr schön aus. Sie pustete es trocken, löste vorsichtig das Blatt vom Zeichenblock und schrieb ihren Namen auf die Rückseite. Dann brachte sie das fertige Blatt der Lehrerin. Diese schaute sich Josis Gemälde lange an und lobte sie für ihre wunderschöne Arbeit. Josi wurde ganz rot im Gesicht vor lauter Verlegenheit. Sie ging zu ihrem Platz zurück und räumte diesen auf. Sie durfte mit ihren Hausaufgaben anfangen. „Super, ich habe meine Hausaufgaben schon fertig bekommen!", jubelte Josi.

Auf dem Weg nach Hause

Mo und Josi wurden von ihren Müttern und Mos kleinerem Bruder von der Schule abgeholt abgeholt. Heute hatten sie verabredet, noch für eine Stunde auf den Spielplatz zu gehen. Sie stellten die Tornister ins Auto von Josis Mutter, weil sie daran vorbeikamen und gingen weiter bis zum Spielplatz. Das Wetter war gut und die Kinder konnten herumtollen. Die Schaukeln waren frei, so stürmten sie darauf zu und schappen sie sich als erstes. Sie waren so richtig schön in Schwung, als zwei größere Mädchen unbedingt auf die Schaukeln wollten. Sie packten sich die Seile der Schaukeln und versuchten, die Schaukeln anzuhalten. Doch komischer Weise funktionierte das nicht. Stattdessen flogen die beiden im hohen Bogen bis auf die Wiese. Sie wurden richtig wütend und versuchten die beiden Mädchen von den Schaukeln zu schubsen. Doch auch das funktionierte nicht. Wieder flogen sie in hohem Bogen auf die Wiese. Da nahmen sie Anlauf und versuchten mit voller Wucht in die Schaukeln hineinzulaufen. Da wurden sie plötzlich grausam gestoppt und fielen zu Boden. „Das geht doch nicht mit rechten Dingen zu!", sagte eines der Mädchen. „Nein, ihr Lieben,", erwiderte Mo, „das tut es auch nicht! Josis Schutzengel verteidigt uns und kämpft für unser Recht. Der ist stärker ais ihr beide zusammen." „Ihr spinnt doch! Schutzengel gibt es doch gar nicht!" „Wenn du dich da mal dich täuscht!", erklärte Josi. „Zeig dich bitte den beiden, Mia." Und schon stand Mia in voller Lebensgröße vor den zwei frechen Mädchen. „Oh, das glaub` ich jetzt nicht! Lass uns hier verschwinden!" Und schon nahmen die beiden ihre Beine in die Hand und rannten davon. Mia, Josi und Mo mussten aus vollem Hals lachen. Das hatte ihnen so richtig Spaß gemacht.

Bild: Andrea Korte

Halloween

Halloween verkleideten sich die Kinder alle und gingen von Tür zu Tür mit dem bekannten Spruch: „Süßes oder Saures!" So machten sie es auch dieses Jahr. Nur, dass sie dieses Jahr wegen Corona eine Maske aufsetzen mussten. Teilweise waren es schon recht gruselige und blutrünstrige Kostüme, die sich die Kinder ausgesucht hatten und denen ich nicht im Dunkeln begegnen möchte. So kamen sie auch zu mir und riefen: „Süßes oder Saures!" Schon hielten sie ihre Taschen auf und ich verteilte die süßen Sachen gerecht in alle Taschen. Dann machten sie sich wieder auf den Weg. Ich schloss mich ihnen an, denn ich fand es spannend, was sie wohl unterwegs erleben würden. Plötzlich standen wir einer riesigen Vampiergruppe gegenüber. Sie kamen langsam auf uns zu und das, was sie vorhatten, sah nicht gerade Vertrauen erweckend aus. Josi verteilte schnell rote Blumen. Jeder aß eine. Alle fassten sich an den Händen und stießen sich vom Boden ab. Schon ging es hoch in die Luft. Die Vampirgruppe stand da und schaute verdutzt in die Luft. „Was ist das denn? So etwas haben wir ja noch nie erlebt. Tja, man erlebt so was wohl heute zum ersten Mal!", murmelte einer vor sich hin. Die anderen waren zu verdutzt, um überhaupt irgendetwas zu sagen. Die verkleidete Gruppe allerdigs stieß einen Jubelschrei aus. Sie flogen einmal durch ganz Steele, dann um den Kirchturm von St. Laurentius und sagten dem Hahn „Guten Abend!". Es machte ja so viel Spaß, zu fliegen. Vor dem Supermarkt ließen sie sich langsam wieder runter und gingen in das Geschäft. „Süßes oder Saures!", rief die Bande. Sie bekamen noch schnell ein paar Süßigkeiten, obwohl der Laden gerade schließen wollte. Das war ein wunderschöner Abend.

Bild: Andera Korte

Kalter Novermber

Im November war es schon sehr kalt und die Kinder bibberten morgens auf dem Weg zur Schule. Als es zur ersten Pause klingelte erinnerte die Lehrererin die Kinder: „Zieht bitte alle eure dicken Jacken an! Denkt auch an Schals und Handschuhe! Ihr wisst, wie kalt es draußen ist!" Darauf hörten alle Kinder, denn sie hatten alle auf dem Weg zur Schule gefroren. So packten sie sich dick ein und rannten auf den Schuhof. Josi und Mo kletterten am Netz, doch schon bald wurden sie von Viertklässlern geärgert, die sie dort verscheuchen wollten. Josi sagte nur leise: „Mia, hilf uns!" Schon legte Mia los. Sie flog hoch, schnappte sich den einen rechts, den anderen links und flog unter dem Geschrei der beiden hinunter. Dort ließ sie sie auf den Boden plumpsen. „Was war das denn? So etwas gibt´s doch gar nicht!" „Klar gibt`s so etwas! Schutzengel können schon aktiv werden, wenn ihre Schützlinge geärgert werden!" Schon kam die Lehrerin und fragte, was denn los wäre. Die Jungs maulten: „Irgendjemand hat uns an den Oberarmen gepackt und ist mit uns vom Gerüst heruntergeflogen. Kurz über den Boden hat dieser Jemand dann losgelassen, so dass wir auf den Boden gefallen sind." „Erzählt nicht solche Märchen, Jungs. Ihr sollt auch nicht immer die Erstklässler ärgern. Passiert das noch einmal, gibt es schrecklichen Ärger.

Ist das klar?" Die Jungen nicken und machten sich auf und davon.

Bild: Andrea Korte

Kennst du Albert Einstein?

Albert Einstein war ein berühmter Physiker, der zu seiner eigenen Schulzeit gar nicht besonders gut in Mathematik war. Ihm hat die Wissenschaft eine Menge zu verdanken. Josi und Mo saßen im Mathematikunterricht und passten auf, was die Lehrerin erklärte. Sie hatten festgestellt, wenn man wirklich zuhörte, gingen die Hausaufgaben wie von allein. Wenn man aber träumte, oder quatschte, dann kriegte man ja einiges nicht mit, dann saß man zu Hause und wusste nicht, was man machen sollte. Plötzlich flogen Papierkügelchen durch den Raum und landeten auf dem Tisch vom Mia und Josi. Sie schoben sie an die

Seite, denn sie wollten sich nicht stören lassen. Da flogen zwei Scheren hinterher. Mia flog los und konnte sie gerade noch abfangen, bevor sie in Mos und Josis Rücken eindringen und sie so verletzen konnten. Sie erklärte es Josi und machte sich auf Josis Wunsch sichtbar. Da stand sie nun mit zwei Scheren in der Hand. Josi meldete sich und stellte sich neben Mia. Als die Lehrerin sie aufforderte zu sprechen, sagte sie: „Vor zwei Minuten landete auf unserem Tisch einige Papiekügelchen. Doch Mo und ich wollten zuhören, weil wir die Erfahrung gemacht haben, dass die Hausaufgaben praktisch von alleine gehen, wenn wir aufpassen und somit wissen, wie alles geht.

Deshalb haben wir nicht reagiert. Dann kamen zwei offene Scheren angeflogen, Eine davon hat meinen Rücken angekratzt. Wenn Mia, mein Schutzengel, die beiden Scheren nicht abgefangen hätte, wären Mo und ich jetzt schwer verletzt, denn die Scheren wurden mit Wucht geworfen. Das ist Mia, Mo und ich sind ihr sehr dankbar. Mia zeig uns mal, wer die Scheren geworfen hat." Mia drehte sich um und zeigte auf Justin und Gernot. Die beiden bekamen knallrote Köpfe und wollten rausrennen. Doch Mia stoppte sie an der Tür. „Tja, aus euch wird wohl kein Albert Einstein! Und das mit den Scheren war gefährlich. Das muss ich euren Eltern miteilen.". Die Lehrerin wannte sich zu Mo und Josi und sagte zu ihnen: „Ihr seid wirklich super - tolle Schülerinnen. Schutzengel Mia, dir ganz lieben Dank für die Rettung von Josi und Mo. Josi hat wohl nur einen ganz kleinen Kratzer abbekommen!" „Ist nicht der Rede wert. Meine Mama wird die Wunde nachher gleich desinfizieren."

Bild: Andrea Korte

Im Religionsunterricht

In der nächsten Religionsstunde fragte Vicky: „Gibt es wirklich Engel?" „Was meint ihr Kinder?", lud die Lehrerin zur Meinungsäußerung ein. „Für mich ist die Sache klar;" erklärte Josi, „da ich täglich mit meinem Schutzengel spreche und ich gesehen habe, wie Mia schon so viele Menschen und auch auch Tiere beschützt und gerettet hat, kann ich nur sagen, Schutzengel gibt es bestimmt. „Dem kann ich nur zustimmen.", meinte Mo. „Ich habe zu Haus eine Kinderbibel. Darin habe ich gelesen, dass ein Engel, der Engel des Lichts, sein wollte wie Gott. Gott hat ihn dann aus dem Himmel verstoßen und er ist jetzt der Teufel und kämpft gegen Gott.", erklärte ein Junge.

„Du hast Recht, Matz, das war wirklich so. Das war Luzifer, der Engel des Lichts, der jetzt der Teufel ist und versucht die Menschen zum Bösen zu verführen.", bestätigte die Lehrerin. „Dann gibt es noch besondere Engel, den Michael, den Raphael und den Gabriel.", erklärte Nico. „Genau, das sind die Erzengel. Die Erzengel haben ganz besondere Aufgaben. So hatte Gabriel zum Beispiel die Aufgabe, Maria die Geburt Jesu anzukündigen und ihr zu sagen, dass er ein Kind vom Heiligen Geist sei. Maria sollte keine Angst haben, Josef zu heiraten. Er würde ein liebevoller Vater für Jesus sein. Gott hätte ihm das schon mitteilen lassen.", erklärte die Lehrein den Kindern. „Habt ihr schon einmal eine Botschaft von einem Engel bekommen?" „Ja, ich von Mia. Und meine Oma Caro hat schon öfter mit Engeln gesprochen. Sie sieht und hört ja auch ihren Schutzengel.", erzählte Josi. „Eure Familie hat wohl eine besondere Beziehung zu Engeln.", meinte die Lehrerin. „Meine Oma ist sehr gläubig. Sie betet jeden Tag und liest in der Bibel. Vielleicht deshalb.", versuchte Josi zu erklären. „Ja, vielleicht deshalb.", antwortete die Lehrerin. „Wir haben bisher zwei Aufgaben der Engel herausgefunden." „Beschüzen und Nachrichten bringen.", beantwortete Mo. „Super Mo! Es gibt aber noch eine Aufgabe. Denkt mal an die Weihnachtsgeschichte." „Gott loben?", fragte Josi.

„Richtig! Der Engelchor, als Jesus geboren wurde. Und nicht nur da. Die Engel haben die Aufgabe Gott zu loben und zu preisen.", erlärte die Lehrerin. „Josi ist ein Jesusfreak! Josi ist ein Jesusfreak!" „Ebenso die Mo! Ebenso die Mo!", klang es jetzt durch die Klasse. „Ich bin gern auf Jesu Seite!" „Ich auch!", hörte man plötzlich die Stimmen von Josi und Mo: „Jesus hat den Menschen viel Gutes getan und tut es auch moch heute!"

Bild: Andrea Korte

Beim Fußballspiel

Endlich war es wieder Sonntag und Josi und Mo hatten ein Spiel. Fleißig hatten sie daraufhin trainiert und sie waren richtig gut geworden. Doch was war das? „Schau mal Mo!", rief Josi, „Die sind ja einen Kopf größer als wir." „Das ist doof! Doch wir schaffen das trotzdem! Guck doch mal, die können doch gar nicht mit einem Ball umgehen." „Sieht so aus, also los, zeigen wir es ihnen!" Und schon rannten sie auf den Rasen zu ihrem Team. Der Trainer redete ihnen gut zu und machte ihnen Mut. Dann wurde die erste Halbzeit angepfiffen. Josi war am Ball und spielte ihn geschickt Richtung Tor. Mo übernahm und schoss ihn wieder zu Josi. Die holte aus und schoss. „Tor! Tor! Tor!“ Ja, Mos und Josis Mannschaft hatten das erste Tor geschossen. Was für eine Freude! Einwurf, diemal hatte die andere Mannschaft den Ball. Doch sie schafften es nicht, ihn zu halten. Josi war sehr flink und übernahm den Ball, schoss ihn wieder ins Tor. „Tor! Tor! Tor!“ Die Mannschaft war ganz aus dem Häuschen. Alle gröhlten vor Freude. Einwurf, wieder hatte die andere Mannschaft den Ball. Wieder konnten sie ihn nicht halten. Diesmal hatte Mo den Ball, schoss ihn zu Josi und sie schoss ihr drittes Tor. „Tor! Tor! Tor!“ Die Freude war groß! Und die Halbzeit zu Ende. Alle gingen zu ihren Sachen, tranken etwas und machten Lockerungsübun- gen. Schon wurde die zweite

Halbzeit angepfiffen. Die andere Mannschaft hatte den Ball. Als Josi es schaffte, ihnen den Ball abzuspielen, flippte die Spielerin aus und faulte Josi, indem sie sie gegen die Schienbeine trat. Der Schiedsrichter hob die rote Karte und ließ die Spielerin austauschen. Da Josi die Schienbeinschoner trug, war sie Gott sei Dank nicht verletzt und konnte weiterspielen. Es gab einen Elfmeter für Josis Mannschaft und Josi schoss das vierte Tor. „Tor! Tor! Tor!" Alle waren ganz aus dem Häuschen, dass Josi, die bisher noch nie ein Tor geschossen hatte, jetzt bereits vier Mal ins Tore getroffen hatte. Beim nächsten Einwurf hatte wieder die gegnerische Mannschaft den Ball. Doch es dauerte nicht lange, bis Mo ihn ihnen abgenommen hatte und ihn Josi zuspielte. Diese spielte ihn zurück zu Mo und Mo schoss das fünfte Tor. „Tor! Tor! Tor!" Das Spiel endete mit 5:0 für die „Kleinen"!

Bild: Andrea Korte

Nachmittags auf dem Spielplatz

In der Woche nach dem Spiel trafen sich Mo und Josi mit ihren Müttern und Mos kleinem Bruder auf dem Spielplatz. Es war ein wunderbarer, sonniger und fast warmer Novembertag. Josi und Mo rannten sofort auf die Schaukeln zu und nahmen ordentlich Anschwung um möglichst hoch schaukeln zu können. Juchu, das machte den beiden Mädchen Spaß. Der lange Vormittag in der Schule war vergessen und endlich konnten sie das tun, was sie wollten. Es war so toll, nicht mehr so lange in der Schule sein zu müssen. Inzwischen standen schon andere Kinder an und wollten auch schaukeln. Josi und

Mo ließen sich auspendeln und als es fast zuende gependelt war, sprangen beide ab. Die nächsten durften auf die Schaukeln. Mo und Josi kletterten rauf auf das Holzteil. „Das ist jetzt unser Schiff, mit dem wir über das Meer fahren, in ein anderes Land.", sagte Josi. „Ja, ins Tacka Tucka Land.", meinte Mo. „Okay, dann mal los!" Sie taten, als ob sie die Segel setzten und durch ein Fernrohr in die Ferne schauten. „Da, da hinten ist es!", rief Mo. „Hilf mir, die Segel einzuholen! Wir müssen an Fahrt verlieren, damit wir dort vor Anker gehen können." Und sie taten so, als ob sie die Segel einholten und anlegten. Dann nahmen sie die Rutsche und landeten so auf Tacka Tucka Land. „Hast du schon Pippis Papa gesehen?", fragte Josi. „Ihr sucht Pippis Papa. Der ist zur Zeit in Indien, da habt ihr großes Pech. Er kommt erst in vier Wochen zurück." „Schade, wir wollten ihn nur begrüßen, denn wir sind Freude von Pippi. Bestellt ihm ganz liebe Grüße von Josi und Mo.", bat Josi. „Das machen wir gerne! Noch eine gute Fahrt!" Und Josi und Mo segelten weiter. „Das war ja wohl cool!", schwärmte Mo. „Ja, nicht! So fast richtig wirklich!", stimmte Josi ein. Jetzt segelten sie zurück und landeten auf dem Spielplatz an der Ruhr. Da sah Mo einen Kinderwagen, der die Böschung zur Ruhr hinuterrollte und immer schneller wurde. „Mia!", schrie sie. Mia flog los, doch der

Kinderwagen war schon im Wasser und das Baby schrie ganz fürchterlich. Mia packte den Wagen und zog ihn aus dem Wasser. Für die Menschen, die sich das Schauspiel ansahen, sah es aus, als würde der Kinderwagen von Geisterhand aus dem Wasser gezogen. Doch da waren auch schon Josi und Mo zur Stelle und beide riefen wie aus einem Mund: „Danke, Mia. Das war ja wirklich in letzter Minute!" Sie griffen in den Wagen und holten das Baby heraus. Es war trocken und auch der Boden des Bettchens war trocken. „Hey, Kleine, es ist alles gut! Du bist in Sicherheit. Mein Schutzengel hat deinen Kinderwagen aus dem Wasser gezogen. Jetzt kann dir nichts mehr passieren." Und Josi gab die Kleine ihrer Mutter zurück. „So ein Kinderwagen hat Rollen. Sie dürfen ihn nicht aus den Augen lassen. Passen sie gut auf die Kleine auf. Sie ist so süß!" Die Mutter hatte Tränen in den Augen. „Bestimmt passe ich gut auf Charly auf. Das passiert mir nie wieder. Das verspreche ich euch. Ihr seid ja wirklich super tolle Kinder. Ihr habt meine Kleine gerettet!" „Nein, das waren wir nicht. Das war Mia, mein Schutzengel. Ich kann Mia sehen und mit ihm sprechen. Bitte Mia, mach dich doch einmal kurz sichtbar." Mia zeigte sich der Frau. Diese bedankte sich bei bei Mia und war erst einmal still.

Bild: Andrea Korte

Beim Zahnarzt

Mos kleiner Bruder musste zum Zahnarzt. Josi begleitete Mo, Moritz und die Mutter. Sie gingen genau zu dem Zahnarzt, wo Josis Familie auch immer hinging. Moritz war zum ersten Mal beim Zahnarzt und er hatte schreckliche Angst. Als er dran kam, musste er sich in den Zahnarztstuhl setzen und bekam eine Papierserviette umgehängt. Er wollte gerade anfangen zu weinen, da flog ein kleiner Wattebausch in sein Gesicht und er musste lachen. „Hei, wo bist du denn hergekommen, du kleiner Wattebausch?", fragte die Mutter. Schwupp, da war schon wieder einer. Da kam die Ärztin herein und begrüßte alle. Dann wandte sie sich Moritz zu. Schwupp, schon wieder hatte er einen Wattebausch im Gesicht und musste lachen. Dabei schaute die Ärztin schnell in seinen Mund und untersuchte die Zähne. „Das kitzelt!", murmelte Moritz. Schwupp, da war schon wieder ein Wattebausch und Moritz lachte. So konnte die Ärztin alle seine Zähne ohne großes Tränenvergießen untersuchen. „Du hast wunderschöne Zähne, Moritz. Nur ganz hinten, die letzten Backenzähne, die musst du genauso gut putzen, wie die anderen Zähne auch." Alle anderen hast du super gut geputzt und die Backenzähne schaffst du auch noch so gut zu putzen, Moritz, stimmt`s?" „Ich strenge mich an." „Das ist gut.", sagte die Ärztin. Eine Frage habe ich noch an dich, Josi. Wer hat denn die Wattebäuschchen ge-schmissen?" „Das war Mia, mein Schutzengel. Der ist doch für alle bis auf mich und meine Oma Caro unsichtbar. Und wir dach-ten, da Moritz so dolle Angst hatte, könnten wir ihn so ablen-ken.", erklärte Josi. „Eine super gute Idee von euch. Das habt ihr gut hinbekommen. Danke für eure Hilfe."

Bild: Andrea Korte

In der großen Stadt

Mo, Matz, deren Mama, Josi, ihre Schwester Lina und deren Mama fuhren in die große Stadt. Sie wollten dort gemeinsam ein paar Kleinigkeiten für die Kinder ein-kaufen und anschließend ins Kino gehen. Dort lief „Emil und die Detektive" von Erich Kästner. Die Kinder waren Feuer und Flamme und freuten sich riesig.

Leider mussten sie mit zwei Autos fahren, da sie die vier Kinder nicht hinten in ein Auto quetschen durften. Sie trafen sich im Einkaufszentrum und hatten sogar zwei Parkplätze nebeneinander. Sie fuhren hoch in ein Bekleidungsgeschäft in die Kinderabteilung. Schnell fanden sie, was sie brauchten und hatten sogar Glück. Alles war heruntergesetzt, so dass sie sogar noch eine Menge Geld sparen konnten. „Mama, ich habe Hunger!", quengelte Josi. „Ich auch!", schloss Mo sich an. „Ich auch!", murmelten Lina und Moritz gleichzeitig. „Wir liegen gut in der Zeit.", erklärte Mos` Mama. „Lasst uns doch noch zu Mac Donalds gehen. Das ist doch auch hier oben." „Gute Idee! So machen wir das.", beschlossen Josis und Linas Mama. Und sie machten sich auf den Weg zu Mac Donalds. Sie bestellten für die Kinder ein Kids Menü und für sich einen fetten Burger und ein Getränk, während die Kinder schon mal einen großen Tisch suchten. Endlich essen! Sie hatten wirklich alle großen Hunger und machten sich über ihr Essen her. Plötzlich sah Lina, wie ein kleines Kind, das im Kinderwagen saß, sich am Geländer vom Kinderwagen aus hochzog und sich über es beugte. „Mia, schau mal da!" Schon flog Mia los. Das Kind war schon im Fallen, doch sie packte es und flog wieder hoch über das Geländer zurück zum Kinderwagen. Die Mutter des Kindes stand da – vor Schreck wie erstarrt – und wusste nicht, was sie sagen sollte, denn Mia war ja unsichtbar. „Guten Morgen.", sagte Josi zu der Frau. „Bitte, erschrecken Sie nicht. Hier geht alles mit rechten Dingen zu. Als meine Schwester gesehen hat, was ihr Kleiner da macht, hat sie schnell meinen Schutzengel zu ihm geschickt, damit er ihn rettet. Mia ist zu ihm geflogen und konnte ihn gerade noch auffangen. So konnte sie ihn retten. Mia, bitte zeig dich mal kurz." Mia zeigte sich, lächelte die Mutter an und gab ihr das Kind zurück. „Danke, Mia, das war sehr lieb von Ihnen. Ab jetzt schnalle ich Jo im Kinderwagen immer an, das verspreche ich." „Das ist gut!"

Bild: Andrea Korte

Dann fuhren sie hinüber zum Kino, bezahlten und suchten sich einen schönen Platz, wo alle gut sehen konnten. Schon fing der Film an. Es war richtig spannend und alle starrten wie gebannt auf die Leinwand. Popcorn und Getränke hatten sie natürlich auch mitgenommen. Das gehörte zum Wohlergehen mit dazu. Es war eine supergute Atmosphäre und alle fühlten sich pudelwohl.

Schließlich hatte Emil den Fall gelöst und wurde von allen gebührend gefeiert. „Emil, der Superdetektiv!", riefen alle und feierten ihn mit Saft und Kuchen. Ja er war die Spürnase, die den Schurken und Bösewichtern auf die Spur gekommen war. Das war super!

Brand im Spielwaren - Geschäft

Am Samstag gingen Mo, Josi, Moriz, Lina und ihre Mamas ins Spielwarengeschäft, um ein Geburtstagsgeschenk für ein Mädchen aus Mos` und Josis Klasse zu kaufen. Sie hatte eine Geburtstagsbox angelegt. Daraus suchten Mo und Josi jeweils eins aus, das sie kaufen wollten.

Plötzlich sagte Mia zu Josi. „Im Lager brennt es. Ihr müsst schnell raus aus dem Laden." Josi wiederholte den Satz laut, so laut, dass auch die dort arbeitenden Frauen ihn verstehen konnten. Eine rannte schnell ins Lager. Doch sie brauchte die Tür zum Lager gar nicht mehr zu öffnen. Sie konnte die Flammen so schon durch die Ritzen an der Seite sehen. „Raus hier!", schrie sie. „Alle raus hier, es brennt!" Alle gingen zügig zum Ausgang. Plötzlich schrie eine Mutter: „Mein Baby! Ich habe mein Baby drinnen vergessen." Mia flog los. Da war der Kinderwagen. Sie nahm das Baby aus dem Kinderwagen und die Decke. Darin wickelte sie das Kind. Dann flog sie – so schnell sie konnte –

zurück und gab es Josi. Diese ging zu der verzweifelten Frau und legte ihr das Kind in die Arme. „Mein Schutzengel ist noch einmal in den Laden geflogen und hat das Baby herausgeholt. Den Kinderwagen musste sie stehenlassen. Das wäre für das Baby zu gefährlich geworden. Doch hier ist ihr Kleiner. Ihm geht es sehr gut. Bitte schön!" „Oh, danke schön! Ich bin ja so froh! Geben Sie meinen Dank bitte an ihren Schutzengel weiter."

Josis Mama wendete sich an die Verkäuferin und sagte: „Wir haben hier noch die Geschenke für das Mädchen aus Mos und Josis Klasse. Die müssen wir noch bezahlen." „Riechen Sie mal dran. Stinken die Sachen nicht fürchterlich nach Rauch? Dann können wir kein Geld von Ihnen verlangen." Sie nahm selbst die Geschenke und roch daran. Ein ganz kleines bisschen roch es verbrannt. Doch es war wirklich kaum zu erahnen. „Nein so nehme ich kein Geld von Ihnen. Sie können es gern so mitnehmen."

Bild: Andrea Korte

Auf dem Baldeneysee

Obwohl es Herbst war, war es ein wunderbarer, warmer und sonniger Tag. Und es war Samstag. Da beschlossen Josis und Mos` Familie zum Baldeneysee zu fahren. Die Kinder waren noch nie mit einem Bötchen über den See gefahren. So mieteten sie zwei Ruderbötchen und los ging es. Zuerst hatten die Kinder Angst. Lina, die Älteste, hatte alle mit ihrer Angst angesteckt. Doch als sie erst einmal draußen auf dem Wasser waren, und die beiden Väter um die Wette ruderten, hatten sie plötzlich alle so richtigen Spaß und feuerten ihre Väter an. Und wer gewann? Natürlich der aktive Sportler, Josis und Linas Vater, der aktiv jeden Tag mit dem Fahrrad zur

Arbeit fuhr und aktiv Fußball spielte. Was für ein Spaß! Dann kam die Frage auf, ob denn auch die Mütter einmal rudern wollten. Klar, die wollten auch ein Wettrennen veranstalten. Sie fuhren an einen Steg und legten dort an, damit der Sitztausch durchgeführt werden konnte. Erst einmal eine Runde einrudern. Als die Mütter es dann konnten, startete das Wettrudern und die Kinder feuerten ihre Mütter lauthals an. Es gewann: Mos` und Moritz` Mama, weil sie so gut durchtrainiert war, durch ihre körperliche Arbeit und die ständige Rennerei. Applaus! Applaus! „Jetzt will ich auch mal rudern.", sagte Lina bestimmt. Wieder ruderten sie einen Steg an und ein Platzwechsel wurde durchgeführt. Lina nahm die Ruder und versuchte auf den See hinaus-zufahren. Es klappte super. „Du bist ja ein Naturtalent!", rief ihr Papa. „Das machst du ja wie ein Profi!" Auch die Mama lobte ihre große Tochter: „Wirklich super, mein Spatz! Meinst du, du kannst uns zurück zum Anleger rudern?" „Klar doch, nichts leichter als das." Da kam ihnen ein Segel-schiff entgegen, das sie gar nicht bemerkt hatte und Mara musste ausweichen. Doch auch das war für sie kein Problem. Sie beherr-schte das Ruderboot, als würde sie seit Ewigkeiten trainieren. Das Segelschiff legte sich so sehr auf die Seite, dass es umfiel und alle Segler im Wasser landeten. „Wo ist mein Kind?", schrie die Mutter. Doch da tauchte es schon auf, denn es trug eine Rettungsweste. Schon flog Mia los, schnappte sich das Kind und brachte es an Bord des Ruderbootes. „Wir haben Ihr Baby an Bord genommen und bringen es zum Anleger. Dort warten wir auf Sie. Leider passen Sie nicht mehr in unsere Boote. Wir sind voll." Und schon fuhr Lina los. „Danke!", rief die Mutter hinterher. Doch da kam schon das Rettungsboot. Sie zogen das Paar aus dem Wasser, fuhren hinter dem Ruderboot her, nahmen das Baby und rasten zum Anleger. Dort wurden die drei mit Decken versorgt und einem warmen Getränk. Andere bargen das gekenterte Segel-boot. Das war ein aufregender Nachmittag.

Bild: Andrea Korte

In der Eisdiele am Springbrunnen

Josi und Lina gingen mit ihrer Mama in die Eisdiele am Springbrunnen. Lina hatte sich in der Schule um ein Vielfaches verbessert und auch Jule mochte Schule jetzt ganz gern und meckerte auch nicht mehr bei ihren Hausaufgaben. Die Sonne schien und es war ein warmer Novembertag. Sie setzen sich in die Nähe des Springbrunnes, der heute ungewöhnlich hoch war, doch es spritze nicht in ihre Richtung. Alle drei bestellten drei Kugeln Eis. Während sie es sich schmecken ließen, gelang es einem kleinen Jungen, sich aus dem Buggy zu befreien und in den Springbrunnen zu gelangen. Plötzlich schnappte ihn das aufstrebende Wasser und zog ihn mit nach oben. Der Strahl wurde auf einmal mannshoch und ließ den Kleinen oben auf dem Strahl tanzen. Anfangs fand er das ja ganz lustig, doch mit der Zeit, als er merkte, er konnte aus eigener Kraft nicht wieder ab-steigen, fing er fürchterlich an zu

schreien. „Josi, mach doch was!",
sagte Lina. „Keine Sorge, Mia ist
schon da." Mia war längst bei
dem Kleinen und flüsterte ihm zu:
„Hör mal zu, du Kleiner, du musst
mir jetzt vertrauen. Du kannst
mich zwar nicht sehen, weil ich
ein Schutzengel bin, aber ich
helfe dir. Ich hole dich da runter.
Glaubst du mir?" „Ja, ich glaube
dir." „Dann mal los!" Mia streckte
ihre Arme nach oben und griff
sich den Jungen. Vorsichtig zog
sie ihn vom Strahl herunter und
setzte ihn neben sich auf die
Erde. „Super, sagte er. Das hast
du toll gemacht." Inzwischen
waren auch Josi und die Mutter
des Jungen da. „Hören sie, mein
Schutzengel hat ihren Sohn
gerettet." „Das ist wahr. Sie hat
gesagt, sie wäre ein Engel."

„Okay, sag deinem Schutzengel ganz lieben Dank.", antwortete die Mutter.

Jeder Mensch hat seinen Engel

Jeder Mensch hat seinen eigenen Schutzengel. So hat Gott es für uns Menschen eingerichtet. Dieser Engel ist immer bei uns. Er hat einen Namen und er spricht mit uns. Manche Menschen kennen die Namen ihrer Schutzengel und hören auch ihre Stimme, so wie Josi. Bei mir ist es so, dass ich um meinen Schutzengel weiß, aber nicht seinen Namen kenne. Aber manchmal weiß ich, dass ich eine Botschaft bekommen habe. Ich nehme an, dass Gott meinem

Schutzengel gesagt hat, er soll mir diese Botschaft überbringen. Oder Gott hat es selbst getan. Das ist auch egal. Hauptsache, ich habe diese Botschaft bekommen. Dann handele ich nach dem, was mir gesagt worden ist. Das ist immer richtig. Mehrmals schon habe ich meinen Engel gefragt, wie er heißt. Aber ich habe seine Antwort nicht verstanden. Ich glaube, wichtig ist vor allen Dingen, die Botschaften zu verstehen. Dann liegen wir auf jeden Fall richtig.

Eines Tages sagte Mo zu Josi: „Hör mal, Josi, Ich habe eine Botschaft von meinem Engel bekommen. Wir sollen heute in der Sportstunde ganz besonders auf Vicky aufpassen. Die Jungs haben vor, ihr eine Falle zu stellen." „Und das hast du von deinem Engel gehört?", fragte Josi. „Ganz bestimmt, du kannst mir glauben." „Klar glaube ich dir. Dann wollen wir mal ganz besonders auf Vicky aufpassen." Und die beiden machten sich auf den Weg zur Turnhalle. Die Sportlehrerin hatte wieder einen Geräte - Parcours aufgebaut. „Hm, das wird anstrengend!", murmelte Josi. Und schon ging es los. Mo und Josi hatten sich direkt hinter Vicky gestellt, damit sie sie gut im Auge hatten. Der erste Durchgang war harmlos und es gab keine Attacken von den Jungs. Aber im zweiten Anlauf scherte einer der Jungen aus und stellte Vicky ein Bein. Schon war Mia zur Stelle, hielt sie fest und half ihr über den

Kasten. Beim Schwebebalken versuchte er es wieder. Doch dieses Mal flog er im hohen Bogen über den Schwebebalken und Mia konnte ihre Übung ohne Störung zu Ende führen. Josi und Mia lachten schallend und konnten sich kaum noch einkriegen. So etwas hatten sie noch nie erlebt. Derjenige, der ärgern wollte, wurde selbst geärgert. Das war ja cool. Besser hätte es gar nicht laufen können. Es hatte sich bestätigt, Mo hatte wirklich eine Botschaft von ihrem Engel erhalten.

Auf dem Friedhof

Vicky sagte zu Josi und Mia vor dem Unterricht: „Wir müssen heute unbedingt auf den Friedhof am Stadtgarten gehen. Dort wird irgendetwas passieren. Jemand braucht Mias Hilfe." „Hm, bist du sicher?" „Ja, ich hatte letzte Nacht so einen komischen Traum. Es war alles ganz anders als sonst." „Okay, dann müssen wir dahin. Ich weiß zwar noch nicht wie, aber irgendetwas wird uns schon einfallen."

Nach dem Mittagessen aß jedes Mädchen eine rote Blume und die drei flogen mit Mia im „Unsichtbar - Modus" zum Friedhof. Sie drehten eine Runde über den Friedhof und sahen auch schon, was los war. Ein finster aussehender Mann hatte ein Mädchen in Ihrem Alter in seiner Gewalt und schleppte sie zur Kapelle. „Ich nehme den Mann und ihr das Mädchen.", sagte Mia zu Josi und Josi gab diese Nachricht weiter an die anderen. Dann schrieb sie der Schule eine Nachricht, dass sie die Polizei benachrichtigen sollten. Und auf ging es. Mia schnappte sich den Entführer und stieg mit ihm in schwindelnde Höhen auf und Josi, Mo und Vicky nahmen das entführte Mädchen zwischen sich und stiegen mit ihm auf. „Mach dir keine Sorgen.", sagte Mo. „Du bist jetzt in Sicherheit." „Wir bringen dich zur Schule. Dort wird die Polizei auf deinen Entführer warten.", ergänzte Josi.

„Wer seid ihr? Wieso könnt ihr fliegen?", wollte das Mädchen wissen. „Wir können nur fliegen, weil wir jeder eine rote kleine Blume von Josis Schutzengel gegessen haben. Damit können Menschen eine Stunden fliegen.", erklärte Vicky. „Schutzengel?" „Ja, das ist Mia, mein Schutzengel. Er hat deinen Entführer gepackt und fliegt mit ihm zur Schule. Ich kann nämlich meinen Schutzengel sehen und mit ihm sprechen." „Meine Güte! Und woher wusstet ihr, dass ich heute mit dem Entführer auf dem Friedhof bin?" „Tja, ich habe geträumt, dass hier heute etwas Schreckliches passiert und dass jemand Mias Hilfe braucht." „Ihr seid ja eine Superbande! Ich danke euch ganz herzlich!" Als sie auf dem Schulhof landeten, war Mia mit dem Entführer schon da. Die Polizei hatte ihn bereits in Gewahrsam genommen. Die drei landeten und waren sofort wieder sichtbar. Das Mädchen, das entführt werden sollte, weinte in den Armen seiner Eltern. Dann wurde es im Krankenwagen untersucht. Es war aber - Gott sei Dank - alles in Ordnung. Die Eltern gingen zu den drei Mädchen und bedankten sich und schlossen auch Mia in ihren Dank mit ein. Der Schulleiter sprach ein ernstes Wort mit den dreien, sah aber von einer Strafe ab. Denn sie hatten eine Straftat verhindert und ein Mädchen gerettet.

Bild: Andrea Korte

Im Folkwang Museum

„Hey Leute, heute müssen wir unbedingt ins Folkwang Museum. Dort werden wir gebraucht. Mia hat mir das heute Morgen als Erstes erzählt. Sie weiß aber auch nicht, was da los ist.", begrüßte Josi ihre Freundinnen. „Oh Mann, schon wieder nach dem Mittagessen abhauen.", maulte Mo. „Tja, was sollen wir sonst machen." „Wie wäre es mit der großen Pause?", schlug Vicky vor. „Die dauert immerhin 15 Minuten." „Wir können es probieren, Leute. Aber mault nicht, wenn wir zu spät kommen." So machten sie es. Direkt zu Beginn der Pause schluckten sie die roten Blüten und flogen im „Unsichtbar - Modus" und im „Turbo Gang" zum Folkwang Museum. Alles war noch still und ruhig. Langsam flogen sie unsichtbar durch die Räume. Da sahen sie einen Mann, der in den Raum mit der Sonderausstellung der Rembrandt Werke ging. Er interessierte sich ganz besonders für das Bild, dass Rembrandt kurz vor seinem Tod, fast blind gemalt hatte: Die Begegnung Samuels mit dem Jesuskind. Er tat einige Klicks auf seinem Smartphone und griff dann nach dem Bild. Als er es in den Händen hatte, war Mia bereits über ihm: „Dein Spiel ist aus, mein Freund!", sagte sie und griff ihn von oben. Gleichzeitig nahmen die Mädchen ihm das Bild aus den Händen. Die vier waren immer noch unsichtbar und der Mann wusste beim besten Willen nicht, wie ihm geschah. „Wir nehmen das Bild mit!", sagte Josi und rief in der Schule an. Dann ging's im „Turbo Gang" zurück. Bis jetzt hatten sie keine zehn Minuten gebraucht. Als sie auf dem

Schulhof ankamen und sichtbar wurden, standen alle Schüler der Schule staunend in Reih´ und Glied auf dem Schulhof, ebenso alle Lehrer. Außerdem sahen sie ein Polizeiauto und zwei Polizisten. Mia übergab den Dieb den beiden Polizisten und Josi erklärte. „Wir haben diesen Mann auf frischer Tat erwischt. Er wollte das wertvollste Bild Rembrandts aus der Sonderausstellung stehlen, das letzte Bild, das er schon fast ganz blind gemalt hat, Das Bild von der Begegnung Samuels und dem Jesuskind. Ist das nicht furchtbar?" „Das ist es in der Tat.", aber woher wusstet ihr von dem Raub?", wollte der Schulleiter wissen. „Mein Schutzengel hat es mir heute Morgen noch vor dem Frühstück erzählt. Und das hieß für uns mal wieder: Ab die Post!" „Könntest du mich bitte das nächste Mal informieren, Josi. Da wäre ich dir sehr dankbar.

Bild: Andrea Korte

Versuchter Raub im Supermarkt

Als Josi, Mo und Vicky heute zur Schule kamen, fingen alle drei gleichzeitig an zu sprechen: „Wir müssen um 10 Uhr zum Supermarkt." „Okay, ihr wisst es also alle: Verdacht auf Raubüberfall." „Stimmt! Dann heißt es am Ende der Frühstückspause los!" „Lasst uns den Schulleiter informieren." Sie erzählten dem Schulleiter von ihren Engelbotschaften. Dieser gab den Kindern grünes Licht, informierte aber sofort die Polizei, damit sie sich versteckt um 10 Uhr an Ort und Stelle einfinden konnte. Wie abgesprochen schluckten die Kinder je eine rote Blüte und flogen in Windeseile unter dem Unsichtbar - Zauber über den Platz zum

Supermarkt. Als sie unsichtbar angeflogen kamen, passierte das Raub-Team gerade den Eingang. Leise flogen die Kinder über ihren Köpfen mit in den Laden. Die Räuber gingen direkt zum Schnaps, taten 10 Flaschen vom teuersten Whisky in den Warenkorb und ab ging`s zur Kasse. Jeder ging zu einer anderen Kasse und legte drei Flaschen auf das Warenband. Mia schnappte sich den ersten Räuber und flog mit ihm hoch in die Luft. Dann übergab sie ihn mit gefesselten Händen an ihr Team. Dieses Spiel wiederholte sich beim zweiten Räuber und beim dritten. „Spiel aus!", rief Josi. „Wir übergeben euch jetzt an die Polizei. Schaut, die wartet schon auf euch! So etwas dulden wir hier in Steele nicht." Schon übernahm die Polizei die Schurken und führte sie ab zum Verhör ab auf die Wache.

Bild: Andrea Korte

Familie in Not

Als Vicky heute zur Schule kam, waren Josi und Mo schon da. „Hört mal zu, ihr zwei! Heute Nacht im Traum hat mir jemand gesagt, dass es hier in Steele eine Familie gibt, die ganz große Not hat, weil man ihnen ge- kündigt hat, und die Familie nun nicht mehr weiß, wo sie hingehen soll." „Hm.", murmelte Josi. „Wir sollten zum Schulleiter gehen und mit ihm darüber sprechen." Schon waren die drei unterwegs zu seinem Büro. Er war dort und hörte sich an, was sie zu erzäh- len hatten. „Vicky hat recht. Es gibt eine Familie, die aus dem Haus ausziehen soll, weil sie acht Kinder haben und es bei ihnen natürlich auch lauter zugeht als in kleineren Familien.

Die Wohnung ist eigentlich ideal für sie. Sie hat sieben Zimmer, so dass immer zwei Kinder sich ein Zimmer teilen können, noch ein Schlafzimmer für die Eltern bleibt und ein riesiges Wohnzimmer. Die Wohnung ist preiswert und gebunden an den Sozialzuschuss. Und da wollen die Vermieter raus. „Wir fliegen in der Pause da mal hin.", sagte Josi. „Wollen Sie mitkommen?" „Gerne!", antwortete der Schulleiter. Sie trafen sich zum Ende der Frühstückspause auf dem Schulhof, aßen jeder eine rote Blüte und flogen zu der Wohnung der Familie. Sie landeten im Unsichtbar - Modus vor der Haustür und klingelten beim Hausbesitzer. Als er öffnete gingen sie zur Wohnungstür und begrüßten das Eigentümer-Ehepaar. „Hallo, wo sind Sie?", fragten die Eigentümer. „Oh, Entschuldigung, wir sind noch im Unsichtbar – Modus. So, jetzt können Sie uns sehen.", meinte Josi. „Äh - ja. Wer ist das denn?", fragten die Eigentümer und zeigten auf Mia, „Das ist Mia, mein Schutzengel. Ich kann ihn immer sehen und ich kann ihn auch immer hören. Neu ist allerdings, dass jetzt auch meine Freundinnen Mo und Vicky Engel hören können." „Das ist wahr!", erklärte Vicky, „Letzte Nacht hat ein Engel im Traum zu mir gesprochen und mir von einer zehnköpfigen Familie erzählt, die Sie so gern aus dem Haus haben wollen, weil Sie den Sozialstatus nicht mehr wollen, sondern mehr Miete einnehmen möchten. Aber schauen Sie, die Wohnung ist doch gerade ideal für diese Familie und die Leute haben sich hier so wohl gefühlt. Bitte denken Sie doch noch einmal über ihre Entscheidung nach, ob die Familie nicht doch bleiben kann. BITTE!" Das Ehepaar stand dort, als hätte sie der Blitz getroffen. Plötzlich fingen beide an zu weinen. „Wir hatten schon so ein schlechtes Gewissen wegen der Kündigung. Lassen Sie uns gemeinsam raufgehen und der Familie die frohe Nachricht verkünden. Wir ziehen die Kündigung zurück!" Alle sechs Personen gingen froh hinauf zu der großen Familie und klingelten. Als die Frau öffnete und alle die frohen Gesichter sah, fiel sie ihrer Vermieterin um den Hals und fragte: „Ist es wahr? Können wir bleiben?" „Ja, das könnt ihr!" Was für ein Jubel! Das war ein echtes Gottesgeschenk!

Bild: Andrea Korte

Die Familie aus dem Flüchtlingslager

Als Josi wach wurde, sah sie die Familie noch vor sich, die zwei Monate lang in einem Zelt gewohnt hatte. Sie hatte nichts mehr! Ihr ganzes Hab und Gut war bei dem großen Brand damals vernichtet worden. Gott sei Dank waren sie alle noch am Leben, die Eltern und ihre drei Kinder. Jetzt waren sie in Deutschland, in Essen Steele. Sie hatten eine großzügige Wohnung, die vom Sozialamt bezuschusst wurde. Die Caritas hatte ihnen Kleidung zukommen lassen. Auch die Wohnungsein-richtung wurde gespendet. Die älteren Kinder, Tabea und Jacob gingen in die Grundschule, in die auch Josi ging. Tabea war in ihrer Klasse. Die beiden freundeten sich sofort an. So hatte sie gleich drei neue Freundinnen, Josi, Mo und Vicky. Jacob ging schon in die 2. Klasse. Das kleinste Kind, Samuel war vier Jahre alt und ging in den Kindergarten, in die Elfen - Gruppe. Er freundete sich schnell mit Moritz an, dem kleinen Bruder von Mo. Als Josi zur Schule kam, besprach sie mit Mo und Vicky das Thema „Schultaschen und Inhalt" für Tabea und Jacob. „Sollten wir uns nicht an den Schulleiter wenden?", fragte Josi. Gesagt getan! „Ich werde mit der Caritas sprechen. Mal seh`n, was sich da machen lässt. Andererseits bekommen sie aber auch eine Summe vom Jobcenter für die Anschaffungen" „Das reicht mal gerade so für den Inhalt, aber nicht für einen schönen Tornister.", meinte Vicky. So machten sie sich erst einmal alle schlau. Am nächsten Tag waren auf einmal zwei wunderschöne Tornister – einer für Mädchen und einer für Jungen – in der Schule angekommen. Sie waren schon versehen mit den Namen der Kinder und Rebecca hatte bereits einen Einkaufsgutschein für alle Utensilien für die Schule. Mo`s Mutter ging zusammen mit Rebecca einkaufen und am nächsten Tag hatten beide Kinder alles, was sie brauchten, in ihren Schulranzen. Inzwischen konnten sie schon die ersten deutschen Wörter. Sie lernten rasend schnell, sie wollten sich so schnell wie möglich unterhalten können. Auch Samuel hatte eine Kindergartentasche von Josi bekommen und war riesig stolz darauf. Eines Tages, die Kinder waren auf dem Heimweg, kamen drei größere Jungen, um die Kinder zu ärgern. Sie wollten Tabea und Jacob ihre Schultaschen wegnehmen. Doch sie kannten Mia noch nicht. Mia flog los, schnappte sich alle drei am Kragen, zog sie in die Luft und Josi schrie: „Wer sich mit unserem Schutzengel anlegt, hat äußerst schlechte Karten!" Dann ließ Mia die drei Jungen aus 1,5 Metern fallen. Die Jungen stolperten übereinander, bis sie sich dann aufrappelten und wegrannten. „Die sehen wir so schnell nicht wieder!", meinte

Vicky. „Das glaube ich auch!", bestätigte Mo. „Wer?", fragte Tabea und flatterte mit den Armen. „Mia, mach dich sichtbar, bitte. Das ist Mia, mein Schutzengel. Ich kann ihn sehen und mit ihm sprechen. Er beschützt uns." „Gut! Sehr gut!", sagte Jacob.

Bild: Andrea Korte

Allerseelen auf dem Friedhof

Im Religionsunterricht gingen die Erstklässler mit ihrer Religionslehrerin auf den Friedhof, direkt morgens um 8 Uhr. Es war noch dunkel. Ganz viele Kerzen brannten auf den Gräbern. „Warum brennen hier so viele Kerzen auf den Gräbern? Fast auf jedem Grab sehe ich welche?", fragte die Lehrerin. Josi meldete sich: „Die Menschen denken an ihre Omas und Opas, die sie liebhatten; oder auch Tick Tack -Omas." „Ja, das ist richtig. Weiß auch jemand, was für einen Tag wir gestern hatten, und was für einen wir heute haben?" „Gestern Allerheiligen", antwortete Tabea. „Und heute Allertoten." „Das heißt

Allerseelen, das heutige Fest. Aber du hast Recht, damit sind die Toten, die Verstorbenen gemeint.", erklärte die Lehrerin. „Wir denken an alle Verstorbenen. Wir wollen sie nicht vergessen, sondern sie in unseren Herzen bewahren." „Ich habe hier eine Kerze für meine große Schwester Ruth. Sie war 14, als eine Granate sie traf. Wo darf ich sie hinstellen?" „Schau mal, Tabea, dort ist ein großes Kreuz. Dort darfst du sie aufstellen und wir werden gemeinsam für deine Schwester Ruth beten. Möchte das jemand von euch tun?" Tabea betete: „Lieber Gott, meine Schwester Ruth ist bei dir im Himmel." Josi betete weiter: „Dort geht es ihr sehr gut. Lass die Erinnerung an sie in den Herzen der Geschwister und der Eltern noch lange wach bleiben, damit Tabea sie nicht vergisst. Amen." Tabea weinte. Da nahm Josi sie in den Arm und tröstete sie. Plötzlich hörten sie Lärm und sahen drei Jungen mit Kerzen um ein Kreuz tanzen. Doch das konnte Mia nun gar nicht ertragen. Sie flog los, riss den Jungen die Kerzen aus den Händen und gab sie Josi. Mo und Vicky stellten sie zu Tabeas Kerze. Mia aber schnappte sich die drei Jungs und lud sie vor der Lehrerin ab, die ein Donnerwetter für die Jungen losließ. Sie mussten sich bei Tabea ent-schuldigen und bekamen einen Elternbrief nach Hause ge-schickt. Dann bedankte sich die Religionslehrerin bei Mia und sagte: „An jemanden wie dich, also an einen Schutzengel, könnte ich mich wirklich gewöhnen. Du bist mir eine echte Hilfe! Danke, Mia!"

Gestörter Schulgottesdienst

Mo kam am Freitag zur Schule und sagte:" Kommt, wir müssen zum Schulleiter! Ich habe geträumt, dass der Schulgottesdienst heute gestört werden soll." „Okay, wir kommen mit.", sagte Josi. „Hört mal, Mia hat mir gerade vorgeschlagen, dass sie sich in der Mitte der Kirche aufhalten wird, da, wo die Eltern immer sitzen. Dann kann sie sofort zuschlagen." „Gute Idee!", meinte Mo. Und diese Idee trugen sie auch dann dem Schulleiter vor. „So machen wir es!", willigte er ein, und auf ging`s zur Kirche. Mia, der Schulleiter und noch zwei Lehrerinnen setzten sich in die Mitte der Kirche. Fünfzehn Minuten nach Beginn des Gottesdienstes ging es los. Die Türen wurden aufgerissen und eine Gruppe grölender jugendlicher Randalierer wollte hier die Ruhe stören. Mia gab den Lehrerinnen und dem Schulleiter je eine rote Blüte. Auf ging`s! Sie flogen sichtbar gegen die Gruppe der grölenden Randalierer und schoben sie so als fliegende Reihe wieder nach draußen. Mia rief mit einer dunklen, unheimlichen Stimme: „Hier stört keiner den Gottesdienst! Oder wir fliegen euch ins Niemandsland, von wo ihr nie wieder zurückkommt!" Dann schlossen sie die Tür und alle nahmen wieder Platz. Die Kinder applaudierten und der Gottesdienst wurde fortgesetzt.

Bild: Andrea Korte

Danksagung

Ein großes Dankeschön gilt meinen beiden Enkelkindern für die Hilfe, neue Ideen zu finden. Danken möchte ich auch Doris Dautzenberg für die Lösung von Computerproblemen, ohne die ich die dieses Buch nicht hätte herausbringen können.

Zur Autorin

Andrea Korte war früher mit Leib und Seele Grundschullehrerin. Jetzt ist sie bereits in Pension und macht das, wofür sie früher keine Zeit hatte. Sie arbeitet mit Speckstein. Natürlich verbringt sie auch Zeit mit ihren Enkelinnen. Immer wieder gibt es Spielenachmittage, Mal- und Bastelstunden und Vieles mehr. Jedenfalls hat sie sehr viel Freude am Zusammensein mit den Kindern.

Außerdem ist ihr die Weitergabe ihres Glaubens ein großes Anliegen. Sie arbeitet ehrenamtlich in ihrer Gemeinde mit, leitet die Kinder-Kirche für die Kinder, die die 1.+2. Klasse der Grundschule besuchen. Gemeinsam mit ihrer Freundin hat sie den Bibel-Teilen-Kreis „Auf ein Wort" ins Leben gerufen und macht momentan die Ausbildung zur Wort-Gottes-Leiterin. Auch in der Bücherei engagiert sie sich, soweit ihre Kräfte das zulassen.

Ansonsten schreibt sie spirituelle Bücher, Kinderbücher, Blogs und malt die Bilder für ihre Bücher und Blogs.

Hier ein Hinweis zu Band 1 der Schutzengel-Reihe. Er ist noch unter dem Pseudonym Caroline Kaldi erschienen:

Caroline Kaldi

Abenteuer mit

Schutzengel Mia